DESSINS ANCIENS

ET

MODERNES

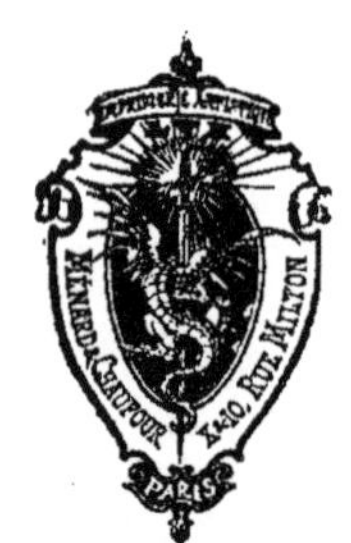
MÉNARD & CHAUFOUR
RUE MILTON
PARIS

CATALOGUE

DE

DESSINS ANCIENS

DES ÉCOLES

Anglaise, Flamande, Française
Italienne et Hollandaise

PAR

Armani, Bilcoq, Bouchardon, Boucher, Breughel, Boilly, Demarteau
Desrais, Eisen, Jouvenet, Lagrénée
L. Moreau, Pater, Quartemont, Queverdo, Raphaël
Rembrandt, H. Robert
St-Aubin, C. Vernet, Vigée-Lebrun, Watteau

DESSINS MODERNES

V. Adam, E. Boudin, L. Coignet, de Dreux
Grevedon, Ingres, Isabey, J.-L. Brown, J.-P. Laurens
Luminais et autres

DONT LA **VENTE** AURA LIEU

Hôtel des Commissaires-Priseurs, rue Drouot, 9, Salle **9**

LE JEUDI 13 JUIN 1901

A 2 HEURES

COMMMISSAIRE-PRISEUR
Me LAIR DUBREUIL
Successeur de Me G. DUCHESNE
6, Rue de Hanovre, 6

EXPERTS
MM. R. GANDOUIN
ET CH. DE SPECHT
40, Avenue Wagram, 40

EXPOSITION PUBLIQUE

LE MERCREDI 12 JUIN 1901

de 2 heures à 5 h. 1/2

CONDITIONS DE LA VENTE

Elle se fait au comptant.

Les acquéreurs paieront *dix pour cent*, en sus du prix d'adjudication.

L'Exposition mettant les acheteurs à même de juger de l'état des objets catalogués, aucune réclamation ne sera admise aussitôt l'adjudication prononcée, sauf le cas d'erreur matérielle.

Paris. — Imprimerie Artistique Ménard et Chaufour, 8-10, rue Milton.

DÉSIGNATION

DESSINS

ADAM (V.)

1 — Repos de Chasse.

Crayon.

ARMANI

2 — Allégorie de la Passion.

Sanguine.

FRANCO (Batisto)

3 — Allégorie.

Plume.

BAZZICALUVA

4 — Paysage et personnage.

Plume.

BILCOQ

5 — Ecurie.

Sanguine lavis.

6 — Sujet de genre.

Encre de Chine.

BLOEMAERT

7 — Pan et Sphynx.

BOISSIEU (J. DE)

8 — Portrait présumé de l'artiste.

Lavis, cadre scupté.

BOUCHARDON

9 — Six croquis allégoriques pour médailles.

Sanguine.

BOUCHER (F.)

10 — Episode de la peste.

Lavis, pierre noire.

BOUDEWINES

11 — Paysage.

Plume aquarellée.

BOUDIN (E.) 1864

12 — La plage de Trouville.

Aquarelle.

BOILLY (J.)

13 — Portrait de femme.

BRAMER

14 — Mise au tombeau.

Plume rehaussée.

BREUGHEL DE VELOURS

15 — Paysage.

Plume.

BREUGHEL

16 — Paysage.

Lavis.

CANBIASO

17 — Adoration.

Plume lavis.

CARESME

18 — Saturnale.

Sanguine lavis.

CARMONTELLE

19 — Portrait de Louis-Philippe d'Orléans.

Aquarelle.

CARRACHE (A.)

20 — Andromède.

Crayon et lavis.

CASANOVA

21 — Ruine et paysage.

Dessins lavis.

CHASSELAT (1816)

22 — Frontispice royal.

COCHIN

23 — Portrait d'homme de profil.

Crayon rehaussé de couleur.

24 — Portrait de femme de profil.

Crayon rehaussé de couleurs.

COIGNET (L.)

25 — Cinq croquis divers.

Plume et crayon.

26 — Portrait de M. Clicot.

Crayon.

CRETI

27 — Anges en prière devant l'Enfant divin.

Plume.

DUBUCOURT

28 — Fête champêtre.

Crayon noir.

DELAPLACE

29 — Portrait d'homme.

Crayon noir.

DEMARTEAU

30 — Le Laboureur et ses enfants.

Rehaussé d'aquarelle.

DESRAIS

31 — Cérémonie funèbre sous Napoléon Ier.

DIEPIMBECHK (A.-V.)

32 — Trois têtes de vieillards.

Aux 2 crayons.

DIETRICH

33 — Portrait d'homme.

Pierre noire.

DRAPER

34 — Musiciens espagnols.

Aquarelle.

DREUX (A. de)

35 — Jockey.

Crayon gouaché.

36 — Jockey.

Crayon gouaché.

DUMONT

37 — Deux projets de miniatures.

Aquarelles.

CORNEILLE DUSART

38 — Buveur, (scène d'intérieur).

Lavis.

EISEN (Ch.)

39 — Scène d'intérieur.

Sanguine rehaussée.

ENFANTIN

40 — Vue d'Italie.

Lavis.

ECOLE ANGLAISE

41 — Cours d'eau sous bois.

Aquarelle.

42 — Portrait de M. Pitt.

Aux 3 crayons.

ECOLE FLAMANDE

43 — Animaux au paturage.

Gouache (cadre sculpté).

ECOLE FRANÇAISE

44 — Portrait de femme XVIIIe siècle.

Cadre sculpté.

45 — Louis XIV à cheval.

Sanguine.

46 — Château de Duras, près Azay-le-Rideau.

Lavis.

47 — Chasseur.

Plume.

ECOLE FRANÇAISE (Ier Empire)

48 — Histoire de Diane.

Lavis gouaché.

ECOLE FRANÇAISE

49 — La Leçon de clavecin.

Crayon noir.

ECOLE FRANÇAISE (XVIIIe)

50 — Soubrette et le pêcheur de cœurs.

2 gouaches.

51 — La Suivante du Petit Trianon.

Gouache.

ECOLE FRANÇAISE

52 — L'Auberge.

Aquarelle.

ECOLE FRANÇAISE (XVIe siècle)

53 — Trois Grâces.

Plume lavis.

54 — Scène théâtrale.

Rehaussé.

ECOLE FRANÇAISE (XVIIIe siècle

55 — Costumes pour ballets.

Quatre aquarelles.

ECOLE FRANÇAISE (XVIIe siècle)

56 — Paysage.

Aquarelle.

ECOLE ITALIENNE

57 — Armoirie milanaise.

Lavis gouaché.

58 — Sujet biblique.

Lavis.

ECOLE FRANÇAISE

59 — Paysage.

Lavis.

FORAIN

59 (bis) Croquis.

ÉCOLE HOLLANDAISE

60 — Deux paysages.

Plume.

FAR'NATI

61 — Personnage en prière.

Aux trois crayons.

FARZINETTI

62 — Etude de draperie.

Crayon noir.

FEUCHÈRE

63 — Amours musiciens, croquis projet de bas-relief.

Crayon.

FONTALLAR

64 — Portrait d'homme.

Aquarelle gouache.

DE GAULT

65 — Jeux d'enfants.

Crayon.

GAUTHEREAU

66 — Jeune mère.

Dessin lavis.

GILLERAY

67 — John Bull.

Crayon.

GONARD

68 — Jeune fille en buste dans un médaillon.

Aquarelle.

69 — Sainte famille. Gouache époque Louis XIII.

Velin.

GRAVELOT

70 — Dessin de vignette.

Sépia

71 — Deux culs de lampe

Crayon.

GREUZE (J.-B).

72 — Académie d'homme.

Crayon noir rehaussé de blanc.

73 — Nymphes surprises.

Plume lavis.

GRIVEDON

74 — Tête de jeune femme.

A été lithographiée.

GUERNiER

75 -- Allégorie sur Saint-Vincent-de-Paul.

Plume lavis

GUINET (H. de)

76 — Paul et Virginie.

Pierre noire lavis.

HALM 1774

77 — Portrait de femme.

Aquarelle.

HESSE

78 — Portrait de Mme de Girardin, née Delphine Gay.

Sépia.

HOET (J.).

79 — Le Massacre des innocents.

Plume lavée.

VAN HOECK

80 — La Sieste des baigneuses

Lavis.

HUET (J.-B.)

81 — Ane au repos.

Crayon.

HUBER (J.).

82 — Paysage et cours d'eau.

Encre et sépia

JUDE

83 — Gouache ancienne sur parchemin.

INGRES

84 — Portrait d'homme.

Crayon.

ISABEY

85 — Portrait caricature.

Lavis.

JOHN LEWIS BROWN

86 — Gentleman cavalier.

Aquarelle.

JOUVENET

87 — Portraits de papes.

Deux sanguines.

KILIAN (L.).

88 — Orphée.

Plume et lavis.

KILLAN

89 — Satyres.

Plume.

LAFAYE (R.)

90 — Bacchanale et saturnale.

Deux pendants plume.

LAGRENÉE (l'aîné)

91 — Académie d'homme.

Sanguine.

LAGRENÉE (l'aîné)

92 — Nymphes parant un autel.

LAGRENÉE (Jeune)

93 — Nymphes dans un paysage.

Lavis.

LAJOUE

94 — Sujet galant.

Sanguine.

LAURENS (J.-P.)

95 — Étude.

Pierre noire.

LEBRUN (Ch.)

96 — Deux têtes de chérubins aux deux crayons.

Deux pièces.

LEMOINE

97 — Diane au repos.

Bistre et crayon.

LEMOINE

98 — Tête d'homme.

Crayon.

LESSORE (J.)

99 — Vue de Londres.

Aquarelle.

LE LORRAIN

100 — Cinq dessins allégoriques pour culs de lampe.

Cadre sculpté.

LOUTERBOURG

101 — Paysage et animaux.

Sépia.

LEYDE (Lucas de,

102 — Tête de vieillard.

Plume.

LUMINAIS

103 — Jeune faune couché.

Crayon Comté.

LUMINAIS

104 — Étude de guerrier gaulois.

Crayon gouaché.

MOREAU (Louis)

105 — Vue de Trianon.

Crayon noir.

MONTVOISIN

106 — Portrait d'artiste.

Pierre noire.

MOUCHERON (L.)

107 — Fontaine dans un parc.

Sanguine.

MUTCIANO

108 — Ivresse de Silène.

NETSCHER (C.)

109 — Portrait d'homme.

Sanguine.

NICOLO DEL ALBATE

110 — Triomphe d'Amphitrite.

NILSON (J.-E.)

111 — Le Repos des Chasseurs.

Crayon noir.

NORBLIN

112 — Buveurs.

Aquarelle cadre sculpté.

113 — Fête de village.

OLIVIER

114 — Croquis de personnages.

Sanguine.

OUDRY (1774)

115 — Intérieur de parc.

Crayon rehaussé.

PALMERIUS

116 — Etude de pieds.

Plume.

PARROCEL

117 — Saint Gérome.

Etude sanguine.

PARROCEL

118 — Fête champêtre.

Plume et lavis.

PATEL

119 — Paysage animé de personnages.

Gouache.

PATER (J.-B.)

120 — Etude d'homme.

Crayon.

PAUQUET

121 — Personnage de la Comédie Italienne.

PERCIER ET FONTAINE

122 — Architecture ornementale.

PERCIER

123 — Modèle de trone impérial.

Rehaussé de couleur.

PERRIGNON

124 — Le Moulin.

Plume lavis.

PICART (B.)

125 — Sujet pour l'illustration.

Sanguine.

126 — Frontispice pour fable.

Sanguine.

POCHON (H.)

127 — Costumes militaires.

Aquarelle.

128 — Croquis militaire.

Aquarelle.

DE PUISIEUX

129 — Architecture ornementale d'appartement.

PUJOS

130 — Portrait d'homme de profil.

Aux trois crayons.

131 — Portrait de femme de profil.

Crayon rehaussé de couleurs.

QUARTEMON

132 — Dessin macabre.

Sur Vélin.

QUEVERDO

133 — Les Apprêts du Bal.

Rehaussé d'encre de Chine.

RAPHAEL

134 — Le Char de l'Aurore.

Lavis.

REMBRANDT

135 — Judith et Holopherne.

Plume.

136 — La Nativité.

Plume et lavis.
Provient de la collection Jean GIGOUX.

RIESENER

137 — Etude de femmes.

Sanguine.

138 — Deux Etudes.

Sanguine.

ROBERT (Hubert)

139 — Divers personnages dans un souterrain.

Rehaussé d'aquarelle.

140 — Laveuse dans une Ruine.

Encre et lavis.

RUYSDAEL (S.)

141 — Marine.

Lavis.

SAFT LEVEN (G.)

142 — Etude de paysan.

Pierre noire.

SAINT-AUBIN (G. de)

143 — Allégorie au Mariage de Louis XV.

Rehaussé d'aquarelle.

144 — Portrait de Marie-Antoinettte.

Rehaussé de couleur.

SANTI DI TITO

145 — La Résurrection.

Bistre.

SARRAZIN

146 — Paysage.

Crayon noir.

SCHENEAU

147 — Repaire de brigands.

Lavis.

SHUT (C.)

148 — Allégorie au triomphe de la religion.

Plume lavis.

SPRANYER

149 — Nymphes.

Plume lavis.

TESTA

150 — Académie d'homme.

Sanguine.

LE TITIEN

151 — Porte de Vianza.

Plume.

VALLIÈRE

152 — Portrait de femme.

Dessin rehaussé.

VAN GOYEN

153 — Paysage.

Crayon noir.

VANIUS

154 — Tête d'homme, profil.

Trois crayons.

VERNET (CARLE).

155 — Une Incroyable.

Aquarelle.

VERNET (J.)

156 — Étude et notes pour tableau.

Plume.

VERNET (CARLE)

157 — Le Dressage du poulain.

158 — L'Effroi de l'écuyer.

Aquarelle.

ISAIA VAN VELDE

159 — Paysage et animaux.

VIGÉE LEBRUN (MME)

160 — Tête de jeune fille.

Aux trois crayons.

VIGNERON

161 — Deux portraits.

Pierre noire rehaussée.

VINCELET

162 — Vase de fleurs.

Sépia.

VINCHON

163 — Naissance du duc de Bordeaux.

Allégorie.

WARD (J.)

164 — Portrait de magistrat.

Crayon sur velin.

WATTEAU

165 — Croquis.

Sanguine.

166 — Quelques dessins omis.

www.ingramcontent.com/pod-product-compliance
Ingram Content Group UK Ltd.
Pitfield, Milton Keynes, MK11 3LW, UK
UKHW021045260726
13994UKWH00005B/2353

9 782329 516936